수요일이 물속에 있다

실천문학시집선 316
수요일이 물속에 있다

2025년 09월 10일 1판 1쇄 박음
2025년 09월 20일 1판 1쇄 펴냄

지은이　　　　손　영
펴낸이·편집장　윤한룡
디자인　　　　윤려하
관리·영업　　　이소연
홍보　　　　　고　우

펴낸곳　　　(주)실천문학
등록　　　　10-1221호(1995.10.26)
주소　　　　남양주시 퇴계원읍 퇴계원로 52 405호
전화　　　　02-322-2161~3
팩스　　　　02-322-2166
홈페이지　　www.silcheon.com

본 도서는 인천광역시와 인천문화재단의 후원을 받아 '2025년 인천문화재단 예술창작일반지원 사업'으로 선정되어 발간되었습니다.

ⓒ 손영, 2025

ISBN 978-89-392-3178-8 03810

이 책 내용의 전부 또는 일부를 재사용하려면
반드시 지은이와 실천문학 양측의 동의를 받아야 합니다.

수요일이 물속에 있다

손 영

실천문학

제 1 부

긴 찰나	11
수요일이 물속에 있다	12
김밥 레시피	14
너, 꽃다지	16
고비	18
왕고들빼기 여행	20
꽃 지고 나면 열흘을 아팠다	22
힘의 원리	24
풀의 자서전	26
검은 물음표	28
증명사진	30
물 한 바가지 찰방찰방 소리 내며	32

제 2 부

연두빛으로 중얼거리다	37
한때	39
얇은 귀	41
하얀 국화	43
약육강식	45
뒷장	47
유리의 넋두리	49
자서전	51
쇼핑의 변명	54
지구촌	56
친절의 뒤편에 대하여	58
그래도 우리는 연인	60

제3부

봄밤이 초대한 방   65

코뿔소   67

무용담   69

나에게 갇히다   71

임플란트   73

첫발   75

나는 무엇으로 내가 되나요   77

그 혀의 족보   79

콩나물시루   81

먼지가 꽃이 되고 꽃이 먼지가 되는   83

오늘의 메뉴   85

멀고 먼 외가   87

제 4 부

덩굴장미 금융회사	91
획일화 시대	93
제비는 바람잡이였다	95
코드블루	97
터닝 포인트	99
N포세대	101
산 오디	103
햇살은 여전히 근무 중	105
커피 맛 기안문	107
분수 넘치는 꿈	109
물건 속 물건들	111
스트로베리 스탑핑	113
해설 고광식	117
시인의 말	136

제1부

긴 찰나

까만 푸들 끌고 공원에 나간다
하얀 포메라니안이 스쳐간다
순식간 둘은 뒤엉킨다
주인이 달려가 목줄을 잡고
하나의 감정을 양쪽에서 당긴다

꽃을 배회하는 나비
꽃에 앉는 순간 무엇을 감지했을까
불꽃이 당겨지는 순간은 몇 초일까

처음 본 당신에게 심장에 라일락 피던 날
누군가 나를 열고 왔던 일도
나와 전혀 다른 당신을 떨쳐내지 못한 일도
어쩌면 오래전 준비되었던 일
이미 주어진 시간 속에 들어 있던 일

두 장의 꽃잎에 겹친
아주 긴 찰나

수요일이 물속에 있다

가끔 물 밖으로 꺼내 본다
물에서 단단하던 수요일이 물 밖으로 나오면 젖는다
말려도 보송해지지 않는다

집에 갔다 와야겠어 화분에 물 주는 일을 잊었어
하루쯤 빠르거나 늦으면 안 되는 일이니
우린 오래도록 길들여진 수요일이야
수요일은 물을 덮고 물을 낳고 물에 기대어 다녀

내 곁을 떠났던 사람들은 모두 수요일
물속으로 나를 밀어버린 사람들도 수요일이야
나쁜 일 많던 수요일
덜 잠겨진 수도꼭지에서 떨어지는 물방울처럼
멈출 수 없는 수요일이야
수요일의 팔을 흔들고 매달려도
아무것도 해 주지 않는 물처럼
수요일은 잠잠한 흐느낌이야

그가 떠나고
물속에서 숨 쉬는 일이 오히려 홀가분하다고
물아래로 가라앉는 목소리로 말한다

일주일을 열어 본다
한가운데 서 있는 장애물 같은 수요일 주머니에
제습기를 집어넣고 부채를 흔들어도 떠날 수 없는
모든 요일이 수요일이다

오랜만에 수요일이 물 밖으로 나왔다
축축하다

김밥 레시피

도마에는 다양한 전집이 놓여 있어요

요리에 집중합니다

김을 펼치고 얇게 오늘을 깔고
상큼한 오븐과 달콤한 원고지 꼬들꼬들한 이야기를 올립니다
재료가 새지 않게 꾹꾹 눌러가며 정성껏 말아준 김밥
꼬투리 하나 먹어 보고는
대중의 입맛은 요즘의 경향이 아니라고 합니다

잘 말아진 김밥에서 오늘을 말아 먹은 맛이 납니다

참신한 재료를 찾아 숲길을 걷고 물가로 갑니다
이 수선화는 어디를 지나 집으로 갈까요
이 물결은 어디를 돌아 나에게로 올까요

퓨전 요리 선호하는 MZ 입맛을 생각하며
인기 높다는 강의와 책을 고릅니다

최신 조리 기구도 장만합니다

이 골목에는 감칠맛이 들어 있네요
삼백 년 된 은행나무에서 곰삭은 맛이 납니다
당신은 어떤 맛을 생각하며 반죽하고 있나요

지금도 생생하게 잊히지 않는 맛은
연체 고지서가 쌓일 때의 죽을 맛보다는
내 상상에 쏟아부은 매운 마라탕 맛입니다

팬에 담긴 단어 모양과 색이 군침 당기는 식재료군요
양념의 고소함이 입맛을 일으키고
참신한 아이디어로 기발한 김밥이 되었어요

문장을 주문해 주세요
세상에 없는 독특한 레시피로
모든 입맛에 붙는
잊히지 않을 맛깔난 김밥을 드릴게요

너, 꽃다지

지난봄에는 한나절 만에 끝낸 일입니다

올해는 너를 알아 두둑 만드는 일이 더뎌집니다
잎샘추위와 보슬비, 곤줄박이 울음 머금은
봄이 봉인된 달콤한 꽃다지 나물을 알게 되고
한 번도 캐본 적 없던 너를
밭이랑 여기저기서 만나게 된 것입니다

냉이, 지칭개, 원추리, 꽃다지
누군가에게 이름이 된다는 것
그 순간 네가 내 안에 들어와
솔바람도 되고 새털구름도 됩니다
나는 꽃잎처럼 화장하고 꽃받침 모양 구두를 고르며
이름을 바라보느라 잠을 설치기도 합니다

너를 알았다는 것에
휘둘리고 버겁고 허둥거리는 이 아침
너에게 나는 무엇이었나요

나에게로 오는 순간 잡초에서 꽃이 된 이름

호미를 들고 밭둑가 아득하게

이 봄이 다 가도록 서 있습니다

고비

산통을 치르는 고비사막
바람의 손아귀에 들어있는 어미 낙타의 신음
모래의 피를 물려주고 싶지 않은 사막의 가쁜 숨소리

난산 탓일까 어미는 품을 파고드는 새끼를 한사코 밀어낸다 며칠 젖을 먹지 못한 새끼가 휘청거리며 쓰러진다 새끼 낙타를 살리기 위한 마지막 방법으로 주인은 마두금馬頭琴 연주자를 부른다

바람에 날리는 모래 울음이 마두금 두 줄 사이로 흐른다 초원을 달리는 말발굽 소리가 벌판을 흔든다 헐떡이는 바람 소리, 두 발을 치켜올려 투레질하는 소리가 사막의 심장을 쥐어짠다 그 소리에 모래바람도 잠시 숨을 고른다 고개 숙인 어미 낙타가 눈물을 흘리더니 새끼에게 젖을 물린다 고비를 넘긴 새끼 낙타의 눈빛이 선인장꽃으로 피어난다

사막이 되어버린 여자가 중환자실에 있다 여자는 모래

폭풍 속을 걷고 있는지 온갖 노력에도 눈빛이 구름 속에 떠 있다 집안에 모래바람이 일고 남자는 사막 고양이처럼 웅크려있다

  휘청대는 남자가 여자를 위한 마두금 소리를 찾는다 음악에 흔들려 품을 내어준 어미처럼 여자를 위한 연주는 어디에 있을까 당신의 입술에서 흐른 말이 그녀를 일으킬까 고비를 넘길 수 있을까

  마두금 음악을 그녀에게 걸어준다 어미 마음을 사로잡은 두 줄의 소리가 아득하다 입술에서 흐르는 말이 두 현을 짚어도 여자를 위한 마두금 소리는 울리지 않는다
  여자가 다리를 떤다
  고개를 뒤로 젖힌다

  선인장꽃이
  뚝
  떨어진다

왕고들빼기 여행

학교 꽃밭에 홀로 서서
아이들 키만큼 자라 창문 기웃거리며
하얀 꽃대 일제히 올려
왕고들빼기 제 이름 쓰고 있다
바람이 옆구리 건드릴 때마다 까르르 날아오른다

교실 창으로 들어간 하얀 손님들
후후 아이들 입바람에 날다가
손에 손에 옮겨 다니다
살포시 교실 바닥에 내려앉는다

엄마가 놓쳐버린 꽃씨들
왕고들빼기를 키운 적 없는 마룻바닥은
신생아를 처음 안았던 나처럼
솜털 만지작거리며 어찌할 바를 모른다

얼결에 연필 집은 초대받지 않은 손님들
비뚤비뚤 칠판 글씨 따라 쓰다

다시 제 엄마 발치로 되돌아가는 씨앗
신주머니에 매달려 아이들 따라가는 씨앗

내년 꽃밭에는 코스모스, 봉선화 마을 옆에
고사리 손들이 자란
왕고들빼기 마을 여럿 생겨나겠다

꽃 지고 나면 열흘을 아팠다

사람보다 벚나무가 많은 곳

봄보다 꽃봉오리가 먼저 찾는 곳

봄이면 마당 복판 우물에 벚꽃잎이 피고
대야에 받은 물에 꽃잎이 먼저 얼굴을 씻었다
밖에 갔다 오면 호주머니에서 꽃잎이 나오고
벚꽃이 다녀가는 내내 여좌천에는 꽃물이 흘렀다

벚꽃 터널을 걸으면 앞도 뒤도 온통 꽃 잔치
온 세상이 분홍 분홍 속에서 모두 꽃이 되었다
나풀거리는 꽃잎 옷을 입고
꽃술 표정으로 거울을 보고 꽃처럼 웃었다

동네 아낙들은 벚나무 아래서
쟁여놓은 울음을 꽃잎처럼 사방으로 날려 보내며
드높인 목청과 몸짓으로 꽃사태를 이루었다
온 동네가 벚꽃에 잠겨 꽃 꿈을 꾸었다

벚나무는 작은 바람에도 꽃잎을 사정없이 휘날렸다
꽃 지는 일은 또 얼마나 우리를 흔들었는지
꽃비를 맞으며 꽃잎이 되어 사방팔방 떠다녔다

봄비와 봄바람이 다녀가고
벚꽃 진 자리에서 뾰족한 녹색 젖니가 올라왔다
거짓말처럼 꽃이 사라져 버린 거리
이유 없이 이별 통지를 받은 듯 어리둥절 아렸다
꽃이 다녀간 일이 꿈을 꾼 듯 실감 나지 않았다

그동안 꽃들에 정처 없이 끌려다니던 것들
집들도 가로등도 구름도 핼쑥해졌다
벚꽃이 지고 마을이 한동안 꽃 몸살을 앓았다
나도 열흘 내내 아팠다

힘의 원리

핸들을 꽉 움켜쥔 초보 운전 시절
차에 내려서도 한동안 얼얼하던 팔

군더더기를 붙이고 억지 치장했던 글
흠집을 도려내고 말의 꼬리를 잘라내어도
팽팽한 힘은 줄어들지 않는다

너를 핸들처럼 움켜잡는다
넘치게 들어간 눈빛으로 네가 돌아서는데도
말에 힘을 넣고 억지 치장에 군더더기를 붙인다

익숙해지려면 힘을 빼야 하는데
시작도 전에 힘이 먼저 달려 나온다

힘이 들어가지 않아도 힘이 넘치는 프로
드라이브 아이언 퍼터까지
어떤 동작에도 아름답다

힘은 험난한 계단을 탈 없이 오르는 일
힘은 흔들리는 나를 바로 세우는 일이라 믿는데

넘치는 힘이 욕심을 끌고 다닌다
욕심이 양손에 우주를 들고 있다

움켜잡은 손의 힘을 빼야 힘이 생긴다는 것
힘이 빠져야 힘에 익숙해진다는 것
너를 버려야 너에게 다가간다는 것

풀의 자서전

공원 산책로에 예초기 소리가 요란하다
반원을 그리며 잘린 풀들이 파노라마처럼 날아간다
풀밭을 날던 벌들도 화들짝 날아간다

일제히 목이 잘리는 풀
예초기 날 끝에서 풀 피 냄새가 난다

사람 손끝에서 피어나는 꽃들
공원 한쪽에서 관리인이
튤립, 장미, 꽃양귀비를 돌보고 있다

딸 여섯을 내리 낳은 뒤 얻은 아들
그에게 미풍이라도 스치는 날엔
딸들이 광풍을 맞았다
어머니 손끝에서 꽃처럼 자란 막내
튤립도 장미도 꽃양귀비도 되려던 나

예초기는 풀의 흔적을 지우고 있다

풀은 절대 꽃이 되지 못한다는
귀에 새겨진 묵은 푸념을 떼 낸다
살아남기 위한 풀들
수많은 씨를 제 발밑에 묻는다

풀의 자서전이 바닥에 낭자하다

검은 물음표

네게 잡히는 순간 모든 것은 공평해지지
꽃과 쓰레기, 팔다리와 생각들도 단번에 평정시키지
어떤 바람을 쑤셔 넣어도 표정 하나 변하지 않지
강아지 수다, 고양이 하품, 안개꽃 눈물을 담고
눈과 귀를 잠그는 검은 봉지는 입이 무거워
얇은 몸에 꾹꾹 목구멍 끝까지 밀어 넣고
포만감에 웃고 있는 검은 턱은 강하지
너의 위장 속 지나간 기억들 보여 주지 않지
결코 비밀을 발설하는 일 없이
입을 꾹 다물고 견디는 지독한 참을성
밖으로 흘린 너의 말이나 표정, 몸짓에도 여전히 물음표
아무도 그 속을 알 수가 없지
너를 볼 때마다 풀어헤치고 싶어
봉지를 거꾸로 들고 내장을 몽땅 쏟아버렸지
공중으로 날아가는 검은 비닐봉지 하나
이제 속을 다 비워버렸다는 듯
비밀을 다 내려놓아 홀가분하다는 듯
바람으로 먼지로 지워지지

흔적은 화장장 기억으로만 남아 있지

증명사진

화면을 들여다보며 보정 작업을 하는 사진사

얼굴에 필러 시술을 한다
보톡스로 이마 주름살을 없앤다
팔자주름이 사라지고 시들은 화분이 사라지고 당신이 실수한 고백이 사라지고 재촉하던 손목시계가 사라지고 어제 만난 독촉장이 사라지고 어깨를 누르던 검은 구름이 사라지고 아픈 허리가 사라지고 목주름이 사라진다

머리숱이 점점 풍성해진다 스킨답서스 초록잎이 한 잎 한 잎 돋아난다 햇살이 비눗방울 모양으로 부푼다 바닥난 통장 잔고가 두둑해지고 당신과의 약속이 풍요롭게 흐른다 자주 성형외과를 들락거리는 친구를 부러워하는 내 마음을 풀어 주기라도 하겠다는 듯 여기저기 보정으로 얼굴은 시간을 거스르고 있다

장바구니를 들고 가는 마흔의 내가 보이더니 어린아이를 업고 있는 서른의 앳된 얼굴이 지나간다 나를 떠난 나

는 4차원으로 가는 열차를 타고 옛날로 더 옛날로 가고 있다

 증명을 지나버린 증명

 증명이기를 포기한 증명이 어떻게 나를 증명해 줄까

 사진을 받았다

 누구세요

 사진 속 낯선 얼굴이 생뚱맞은 표정으로 올려다본다

물 한 바가지 찰방찰방 소리 내며

한여름에도 이가 시리던 물

겨울이면 두레박에 매달려 자라던 물

온 동네 사람들이 들락이며 길어갔던 물
우물가에 피어 있는 흐드러진 웃음소리 담긴 물
수선화, 접시꽃, 달리아도 함께 마시던 물
나를 키우던 찰랑대는 목소리 가진 물

우물이 메워지고
두레박에 담겼던 이웃 이야기도 덮였다
사람들은 우물에 대해 입을 다물었다

두레박에 담겨 우물로 내려간 복숭아 참외
빗자루를 든 엄마를 피해
우물 주위를 빙빙 돌던 가랑머리 아이
우물가에서 볏짚으로 제기를 닦던 할머니
그 깊은 곳에 내려가

장대 솔로 우물 안 벽을 닦던 아버지

흙벽에 등 굽은 호미가 걸려 있던 옛집
헛간에서 첫째야 부르던 목소리
우물 속에 말쑥하게 떠 있던 하늘

정수기에서 물을 받으면
시리도록 맑은 물 한 바가지가 찰방찰방 소리 내며
고향 집 마당으로 나를 부른다

제2부

연두빛으로 중얼거리다

어린아이를 지나오고 아직 어른이 되기 전
연두에게 흐물대는 뼈대가 만져진다
명랑하게 흥얼거릴 수도 없고 푸름에 도착하지 못하고
노랑과 초록 사이를 떠돈다

주변을 돌아보며 배경이 되고
아니라고 틀렸다고 하고 싶지만
분위기에 입을 닫고 있는
연두에게도 연두의 경우는 있겠지

밀림을 날아보고
눈 덮인 산도 올라보고
숲으로 가 초목 속에 내리고 싶었는데
바위틈에서 자란 토끼풀의 창백한 목소리
강낭콩 꼬투리에 갇힌 소심한 동그라미
화단과 경계석 사이에서
책장과 책상 사이에서
네가 정해준 연두가 된다

헛소문에 쪼그라져 구석에서 훌쩍이는 연두
코너를 돌다 우물쭈물하는 연두
간판 앞에서 방황하는 연두
액자 속에서 고개 숙인 연두
푸른 기에 눌린 연두
연두에게 쫓겨난 연두

열두 색 크레파스 상자 속엔 열두 개의 연두
어쩔 수 없는 연두라는 말을 지우려
상자를 열어 열한 개의 연두를 버린다
선명해진 연두가 슬쩍 고개를 든다

한때

  무리지어 다니는 것에는 힘이 실린다
  세력을 키우려는 팔뚝을 향해 살점과 근육이 몰려든다 멀리서 찢어진 기사를 든 개미 떼도 소식지를 흔들며 합세한다

  잣나무 가지를 흔들던 바람이 바다를 건너고 벌판을 지나며 추종자들은 자꾸 늘어났다 회전하는 속도로 눈이 부풀었다 몸집을 키운 태풍은 비와 바람으로 소문을 흔들고 정원의 모가지를 부러뜨렸다 거리에는 나무와 입간판이 널브러졌다 예견된 맛은 파고가 높았고 애마 로시난테에 올라탄 태풍 돈키호테는 기세등등했다

  꽃들을 짓밟은 태풍이 벽을 만나고 언덕을 구르며 눈은 흐려졌다 대림아파트 2동과 3동을 넘어가는 사이 이가 빠지고 다리가 풀린 늙은 돈키호테가 마침내 그 자리에 털썩 주저앉았다 언제까지 함께할 줄 알았던 높은 옥타브 목소리는 시들고 아부나 인기도 꼬리를 감추었다

늦여름 더위 속에서
천둥과 번개를 놓친 돈키호테가 무너졌다는 소식
정치인 아버지 카드의 몰락
꽃다운 나이 인기 절정 스타의 소멸 소식으로 인터넷이 윙윙대는데
나는 태풍이 흘리고 간 나뭇잎에서 가시를 바르고 살점을 떼 내는 일에 골몰하고 있다

얇은 귀

큰맘 먹고 라텍스 침구 세트를 구입했어요
기대했던 내 잠이 탄탄해졌어요

매트리스가 톡톡 등을 위로해 주고
이불이 가슴을 쓸어주네요
폭신한 베개에 보드라운 꿈길이 열렸어요

메콩강물이 들려주는 옛이야기
열대 원시림의 고무나무, 삼나무가 손을 흔들어요
침대 옆 스탠드에서 별빛이 쏟아지고
안방을 걷는 발소리에도 나뭇잎 스치는 소리가 들려요
침실을 가득 채운 숲이 감싸주는 저녁은 달콤했어요

어느 날 친구가 한마디 던지네요
천연이 아니고 합성이라고

그 순간 침구에서 세제 냄새가 났어요
황사는 창을 넘어오고 위층에서는 발소리가 쏟아져요

외곽도로 자동차 소리도 크게 울리고
간질거리는 코, 나왔다고 생각한 재채기도 함께해요
깨어있는 밤 또한 자주 들락거릴 테지요

무심결에 내던진 그 말 한마디는
휴양림 편백나무 숲길에 서 있던 나를
말들이 내달리는 경마장 가운데로 던져버려요
얇은 귀 하나 문틈에 끼어 팔랑거려요

하얀 국화

창가에서 햇살 나르기
기울은 식탁의 어깨를 올리는 일
안정된 솔 음역의 목소리 듣는 일

아침이면 국화꽃 향 스킨을 듬뿍 뿌려요
이파리 사이사이 햇살도 촘촘히 눌러 담고요
때를 기다려요
그가 곁에 왔을 때 꽃술이 떨리고 심장이 두근거렸죠
나는 모른 척 한쪽 입술을 올리고 비발디의 사계를 흥얼거리며
케이크 그려진 구름과 사과의 노래
아이들의 웃음소리 둘러앉은 호두나무 식탁을 생각해요

가을이 손끝으로 하늘 가장자리를 색칠하는 동안
꿈꾸던 곳과는 전혀 다른 곳으로 가네요
어둑한 계단으로 내려가 검은 리본에 묶여요

나는 금이 가고 있어요

나는 왜 흰색으로 태어났을까요
이대로 연기처럼 사라지는 건가요

우리의 장례식이기도 했던 사흘
영정 앞 어두운 사람들 곁에서
그가 나타나길 기다리며
나는 끝까지 하얗게 웃고 있어요

약육강식

 커다란 회색 지프가 순식간에 내 빨간 승용차의 한쪽 엉덩이를 들이받았다

 풍뎅이는 비명을 지르며 몇 걸음 주르륵 미끄러졌다 그러다가 후들거리는 앞발로 간신히 가드레일을 붙들고 고개를 숙인 채 헉헉거렸다 등가죽이 벗겨지고 뜯겨진 사이로 군데군데 흰 뼈가 드러났다 그때 어디선가 며칠 굶주린 듯한 이리들이 떼를 지어 몰려들었다 녀석들은 이런 일쯤이야 일상이라는 듯 송곳니를 드러내며 먹잇감을 두고 서로 으르렁거렸다

 이리들이 먹이를 차지하려고 아귀다툼하는 사이 털갈이를 하는 늙수그레한 대머리 이리가 정신이 반쯤 나간 풍뎅이를 물고 어디론가 사라져 버렸다 곁에 있다 함께 얼이 빠진 나는 터덜터덜 집으로 돌아와 텔레비전 속으로 들어갔다

 화면에는 쭉 뻗은 고속도로 사파리에 먹이를 찾아 어

슬렁거리는 사자 무리가 뛰쳐나올 듯 위협적이다 상처를 입고 무리에서 떨어진 영양 한 마리가 수사자의 시야에 들어온다 내 차를 물고 간 렉카처럼 몇 걸음 떼기도 전에 독수리가 들쥐를 꿰어 차듯 영양의 목울대를 물어뜯는다 먹이 사슬에서 가장 밑바닥에 서 있던 나는 한쪽 엉덩이가 뜯긴 채 다리를 끌며 텔레비전에서 나온다

뒷장

종이꽃 접는 법이 서툰 내게
접을수록 뒷장에 갇히는 내게
색색의 종이가 햇살을 끌고 오네요

붉은 마음이 설핏 비치는 손짓을 따라 골목을 지나요
한 발을 내밀면 푸른 물이 찰랑이는 문을 지나요
날개를 펼치고 노란 꽃술 흔들며 잠깐 날아 올라요

다시 종이를 접어요
종이를 누르는 온기
선이 지니는 마음

가로와 세로 대각선으로도 접으면
뒷장을 빠져나온 많은 선이 생겨요
안쪽에는 보이지 않는 선들이 모여
장미와 튤립, 동백, 나팔꽃이 폈어요
접은 종이꽃을 모으면
생각을 쉬게 하는 초록 화원이 되어요

접은 종이를 펼치고 뒷장을 살펴요
뒷장이라는 말에 마음이 고여요
실타래 같은 미로가 생긴 뒤쪽이 흔들려요

종이 뒤쪽으로 실금 가는 소리가 나요
구겨져요
그늘져요
종일 초록 화원을 거닐어도 꽃향기와 나비는 보이지 않아요
쓸쓸한 뒷장이지요
꽃을 접어 나를 위로하겠다는 생각을 지워요
종이를 펴서 상자 속에 눌러 넣어요
뒷장이 반듯하게 일어서요

유리의 넋두리

 샤워 끝낸 투명한 내 피부 좀 보세요 나는 아무것도 감춘 것이 없어요 이렇게 모두 보여 주잖아요 사람들은 숨김없이 다 드러내는 내가 솔직하다며 손뼉을 치더니 부담스럽다며 얼굴을 찌푸리네요 역시 대중의 입맛을 맞추기는 어려워요

 그날은 약속에 쫓긴 그녀가 헐떡거리며 뛰어와요 내가 미처 말릴 사이도 없이 곧장 내 품으로 뛰어들더니 갑자기 얼굴을 감싸네요 코 뼈가 얼얼한가 봐요 넘어져 얼떨떨한 표정으로 나를 올려다보네요 무안해서 은행나무 뒤로 숨고 싶었지만 주머니에 손을 넣고 아무 일 없다는 듯 태연하게 서 있어요

 풀밭으로 이사를 가요 어깨너머로 질경이와 오랑캐꽃이 보여요 한쪽 손으로 풀을 살살 흔들어 보아요 곁에 앉은 페르시안 고양이의 하얀 털을 만지려는 순간 손등을 할퀴네요 서슬에 놀라 몇 걸음 물러나요 우린 위험한 동거인가요 다시 쓰다듬으니 보드라운 털이 뱀처럼 서늘해요

환하게 다 보여 주어 모든 걸 안다고 믿은 그가 떠나요 사람들은 눈앞에 있는 것만 보고 왜 속에 든 투명한 뼈대는 보지 못하는 걸까요 말간 마음도 잠깐의 방심에 조각조각 흩어진다는 생각을 해요 눈을 감고 한 번쯤 손끝으로 나를 읽어주세요 당신이 유리문에 기대 울고 있으면 나는 정말 난감해요

자서전

초대받지 못하고 던져졌습니다

방향과 여행지는 나를 모릅니다
가방을 열면 도시락과 물통이 있습니다

빈방으로 들어갑니다
방은 울창한 숲이 됩니다

의자에 앉아 가문비나무를 읽습니다
닥나무에서 활자가 나옵니다

노랑턱멧새 소리
개울물 노래를 따라 귀가 커집니다
숲과 바다가 뒤섞입니다

옆방으로 갑니다
수북한 나비 떼 속으로 들어갑니다

접힌 퍼즐을 짚어내는 눈은 더디게 자라고
친절한 거울의 속삭임에 마녀가 됩니다

어깨가 귀보다 높아지거나 가라앉기도 합니다
포근하기도 헐떡이기도 하는 나비의 숨소리를 지웁니다

누군가는 한 번에 조립을 완성하는데
나는 마지막까지 블록 한 개를 찾지 못해 미완입니다

이곳에서의 행적
꽃잎 분분했다거나 비탈길에서 진땀 훔쳤다는 말로 요약합니다
나는 여행이 붙이지 않은 편지였다며
한 줄 평을 씁니다

현관에서 자란 것들을 두고
엄마처럼 고맙다는 인사를 놓습니다
마지막까지 곤두세우던 귀가 접힙니다

그동안 너를 자세히 알았다는 댓글 남기지만
나는 나에 대해 모른 채
헤엄쳐 온 그곳까지 돌아갈 것입니다

신발 끈도 묶지 못한 국화꽃이 따라 나와
보이지 않을 때까지 흰 손을 흔듭니다

쇼핑의 변명

 과체중의 집이 헉헉거려요

 옷장으로 들어가지 못하고 옷걸이에 난민처럼 매달려 있어요 옷들이 삐져나와 닫히지 않은 장롱이 소화제를 찾아요 주방에는 접시 프라이팬 냄비를 쌓아 둔 찬장과 수납장의 어깨가 한쪽으로 기울었어요

 냉동실 문을 억지로 깨워요 검은 비닐에 싸인 삼겹살 목살 뱃살 그 위에 바다와 들판이 누르고 있어요 냉장고 문을 여는 순간 지금이 탈출할 기회라는 듯 한꺼번에 와르르 쏟아져요

 목까지 채워도 냉장고와 옷걸이, 신발장은 왜 매일 허기진 신음을 보내는 걸까요 비만한 옷장이 비명을 질러도 거울의 비위를 맞추기 어려워요 많아진 나를 내밀어도 계속 고개를 저어요 외출을 접고 구입할 날개와 구름의 리스트를 다시 만들어요

주문한 사랑을 잊고 또 사랑을 주문했어요 현관에는 상표도 떼지 않은 몇 개의 위로가 주인을 불러도 리모컨은 여전히 이 채널 저 채널로 사냥감을 찾느라 바빠요

주문서 안에 들어 있어도 정작 내게 필요한 것은 보이지 않아요 맞는 퍼즐 조각을 찾느라 늘 허둥거리고 쌓아두어도 외로움은 멈추어지지 않아요 내 허기의 크기만큼이 사냥의 변명만 늘어가요

지구촌

한쪽 무릎이 날벼락 맞은 날
철심 박은 쪽에 지구를 얹은 듯 무거웠다
발가락 하나 움직여지지 않았고
자세를 바꿀 때마다 온몸에 해일이 일었다

뜀박질에도 높은 산에서도 묵묵히 버티던 다리
무거운 짐에 붙들려도 잠잠하던 팔
함부로 부려 먹어도 불평 한 번 없던 팔다리가
가만히 누워 있는데도 사방에서 시위를 한다

오른쪽이 맞다고 왼쪽이 맞다고
찬성이라며 반대한다며 피켓을 든 뼈들이 광장으로 나선다
여기저기 시위가 들불처럼 번진다
남극에서 북극까지
아마존에서 타클라마칸사막을 지나는
오랜 시간 모르고 지나쳤던 또 다른 나

뉴스 속 전쟁에 내 고지서가 무겁다

장바구니가 헐렁해지고 일자리가 날아가고
머리부터 발끝까지 하나로 이어진 몸

사고 후 몰랐던 내가 보였다
나를 지탱해 주던 햇볕
나를 일으켜 세운 바람
나를 붙잡고 있던 이름
당신과 나를 이어주는 눈물

한동안 지구 한쪽이 덜컹거렸다

친절의 뒤편에 대하여

친절은 여러 겹 얼굴이다
때로는 속물이다

저녁 뉴스는 오늘을 설명 중이다
스며든 친절에 기쁘게 시들은 봄꽃을 보여 준다
물속에 숨기고 있던 발톱
봄꽃은 눈치채지 못한다

가계도를 살핀다
가슴 밑바닥에서 태어난 것
손끝이나 입술에서 태어난 것
어둠 속에서 일어선 축축한 출생도 있다
본적은 다르지만 얼굴이 흡사해서 본성을 알기 어렵다

나긋한 유전자에 입꼬리가 올라간다
그의 선조들
따뜻한 손과 세상의 소리를 모으는 커다란 귀를 가졌다
몸에 밴 진심이 먹이다

욕망을 숨긴 손바닥
그의 지배 방식은 감미롭다

친절 뒤편에 붙은 어색한 웃음을 본 적 있다
편의점에서 구입한 친절을 따라가는 사람들
꽃그늘이 서식지라 믿는다
입술에서 태어난 출생을 모르고 마냥 부푼다
세상은 얼마나 아름다운 채색인가를 떠벌린다

친절 덕분에 친절을 붙든 사람들이 친절을 따라간다

그래도 우리는 연인

그날 당신은 나를 멀리 떼어 낼 작정이었나 봐요
다시는 만나지 않겠다는 듯
먼 곳으로, 더 먼 곳으로 보내고 싶어 했지요
나는 허공을 찢으며 한없이 나아갔어요
굿샷 굿샷

우리 만나는 동안
당신이 주문한 멀지도 가깝지도 않은 딱 그만큼의 거리
변덕 심한 퍼터의 키에 따라
안착할 곳으로 정신없이 달려갔어요
굿샷 굿샷

착지점을 읽지 못해 다른 방향으로 날아가
러프에 빠져 두려운 나에게 벌타라고 투덜대고
내가 보이지 않는다며 허둥대고 있어요

잔디 바닥을 달래며 당신과 나는 균형을 맞추고
그립에 호흡을 얹으며 발의 각도를 잡았지요

라인을 읽느라 심각해진 당신 곁에서 나도 숙연해졌어요

당신이 그토록 집중하며 힘을 조절했던 시간은
비껴가거나 넘치거나 흘러가 버렸어요
그렇게 듣고 싶어 했던 홀에 빨려드는 소리를 지나치며
버디도 파도 아닌 게임은 그렇게 끝나버렸어요
내 연이은 실수에 허탈해진 당신
말없이 초록에만 눈길을 두고 있네요

큰 키에 쇠막대같이 무뚝뚝한 당신
작고 동그란 얼굴에 톡톡 튀고 싶은 나
늘 달아나면서도 당신 곁에 있어야 하는
우린 도저히 어울리지 않는 천생연분
그래도 아침 인사처럼 듣고 싶어요
굿샷 굿샷

제3부

봄밤이 초대한 방

고아한 달빛이 꽃을 쓰다듬는 봄밤
정원 한쪽에 작약이 은근하다
말을 걸자 잡아끈다
보드랍고 촉촉한 꽃잎 손을 잡고
방을 들어간다
곁에 있던 별도 따라 들어온다

작약꽃 속에
작약 이전의 작약이 보인다
지금은 아는 것을 모르는
보고 있어도 그때는 보지 못한
검은 것과 흰 것

완성된 작약에 발을 내딛는다
봄밤을 닮은 붉은 치마폭이 잔잔하게 흔들린다
작약의 넓은 치맛자락을 붙잡고 언덕을 올라간다
여린 그림자를 달빛이 따라간다
달빛보다 창백한 외가 사립문이 내 어깨를 어루만진다

꽃잎이 접힌 공간에 별빛이 서성인다
작약 작약 부르면
달려와 안아 주는 환한 당신이
유독 헤프게 쏟아 내기만 하다
흐드러진 사랑이라고 쓰기만 하다
끝내 사랑이라는 말 듣지 못한 채 시든 당신이

나비가 매만진 흔적을 살피는데 밤을 가로지르는 바람
황급히 방을 빠져나간다
꽃술에 감겨 오르던 봄밤이 뚝 끊어진다
작약이 문을 잠근다

코뿔소

 니 아비는 코가 잘생겨 언젠가는 큰일 할 거라고 할머니는 입버릇처럼 말하셨다 기어이 코 값을 할 거라는 그 강한 믿음에도 아버지는 끝내 접시 물도 건너지 못했다 어릴 때 귀에 못이 박힌 말, 나는 거울을 볼 때마다 자꾸 코를 만지는 버릇이 생겼다

 화면 속에는 아프리카 정글을 헤집고 다니며 밀렵꾼들이 코뿔소 코의 뿔을 자른다 행운을 가져다주고 약이 된다는 소문에 코뿔소는 죽음을 맞고 가족을 잃는다 코뿔소에게 가장 강력한 무기인 그 뿔이 화근이다 코끼리와 누떼를 만나면 코뿔을 세우고 돌진했는데 이제 무엇으로 대적할까 사슴 무리 옆 풀밭에 코에 피를 흘리며 쓰러진 코뿔소를 보며 나는 또 코를 만진다

 눈 뜨고 코 베인다는 이야기에 악어와 하이에나들이 우글거리는 낯선 곳에서 두 손으로 코를 감싸고 미어캣처럼 다녔다 가끔은 덤불에서 코뿔을 앞세워 돌진하고 싶었다 높낮이가 다른 언어에 부딪히면 뿔로 치받아버리

고 싶어도 침만 삼키고 접시 물에서 허우적거리기도 했다
 이리떼가 곳곳에 숨어있는 빌딩 숲에서 지금 내 코는 깨어지고 흐물거린다

무용담

얼결에 구름을 샀습니다.
단물 떨어지는 당도 15 브릭스의 구름입니다

아침이면 구름으로 무얼 만들지 고민이 깊습니다
구울까 튀길까 그냥 조림으로 할까
고심 끝에 오래 묻어두는 숙성으로 결정합니다
연구한 전개도로 만들어질 하늘을 상상하는 일은 짜릿합니다

솜사탕 구름에게 폭식하는 마법이 붙습니다
조각구름에도 식욕이 오릅니다
사다리에 한 발 올려 꽃구름을 잡았다는 사실에 흥분합니다
풍선으로 부푼 이들이 무지개 소문을 생산하느라 하루가 바쁩니다

환상은 현실이 됩니다
현실에 날개가 달리고 날개는 내일이 됩니다

내일이 펼칠 성공담으로 발아래가 왁자합니다

하늘 한쪽이 흐려지고 추락은 빠르게 찾아옵니다
꽃과 나비가 뜬구름이 되었다는 소식입니다
영혼까지 끌어모은 꽃구름이 눈앞에서 부서지고
꼬리를 감추었던 구름 조각이 바스러져 공중을 떠다닙니다
끝없이 나르던 새털구름 사이에서
길 잃은 사람들이 양손에 황당한 비구름을 안고 있습니다

헐값에 구름을 팝니다
고장 난 하수관 물처럼 마음이 샙니다
자고 나면 먹구름은 더 깊이 내려앉습니다
럭키 럭키라며 엄지를 세우던 사람들은 어디로 갔나요

나에게 갇히다

새벽부터 심한 안개라고
일기예보는 앵무새처럼 반복한다

안개의 꿈을 꾼 아침
뿌연 습자지를 붙인 듯 앞 유리가 막막하다

안개를 쭉쭉 찢는다
안개를 구겨 주머니에 넣는다
흐린 시야는 여전히 숨통을 조인다
한 발도 물러서지 않는 적군의 행렬
앞뒤가 온통 적에게 포위된다

도로와 하늘이 구분되지 않는 차창 밖
희미한 표정이던 합격 확인서가 지워지고
오락가락 흔들리는 너도 지워지고
출근길도 지워진다

요란하게 울리는 클랙슨 소리

창을 내리자 그 사이 세상이 환하다
아뿔싸, 앞 유리를 닦아낼 생각조차도 못하다니

습기에 길이 묻힌 줄 모르고
길을 찾겠다고 허우적거린 꼴이라니

반복된 예보에 머릿속이 자욱해진 탓이다
돌아보면 내가 걸어온 길이 그러했다

다른 길에서 서성이던 입과 귀에 갇혀
낯선 풍경에 들어가 안달하던 시간

윈도 브러시를 두고도
내가 나를 가둔 적 많았다

임플란트

파쇄기를 돌린다
들이미는 요일마다 게걸스럽게 먹어 치우는 왕성함이라니
잘근잘근 글자의 뿌리까지 가루로 만든다
그래 빨리 먹여줘 너의 비밀을 모조리 없애 줄 테니

기울어진 치통으로 한쪽 볼이 부은 아침
엉성한 밥상에 고요한 식욕이다
파쇄기의 단단한 치아가 목을 세우고 숟가락을 지나간다

부실한 건물을 허물고 새로운 동네를 만들어야 한단다
지반을 고르는 소리가 오싹하다
사라진 건물 사이로 황량한 바람이 분다
물방울이 흩어지고 먼지가 오른다
의사는 드릴로 탄탄한 기초 공사를 한다
입안에는 새로운 건물이 하나둘 올라간다
새로운 도시가 생겨난다
공터에 정원을 만든다
지금은 은사시나무 몇 그루 심고 있을까

벽에는 장미 무늬 선반을 올리고 있을까

시공이 자꾸 미뤄진다
마지막 점검에서 감지된 부실
윗니와 아랫니가 맞물리지 않는다

기초가 흔들리는 건물
주춧돌과 기둥이 틀어진 집
금이 가고 아귀가 맞지 않는 문
뒤따라오던 상처 하나 나를 밀치고 앞서 간다

첫발

흰 자동차 한 대
트레일러에 업혀 고속도로를 달린다

곱게 치장하고 간다

신랑이 누군지 어느 동네에 사는지 모른 채
신부 단장하고 가마 타고
이틀 걸려 도착했다던
할머니 시집간 이야기처럼 어리둥절 간다

앞 다리 트레일러 등에 얌전히 얹고
오월 볕에 하품하다 졸다 끄덕끄덕 간다

흙길로 꽃길로 밤길로 깨어지고 부딪히는
앞으로 일 생각 없이 건들건들 간다

출고 후 빛나는 발령장 두 팔로 감싸안고
첫 부임지 먼 오지를 찾아가던 나처럼

무서운 것 없는 젊음으로 우쭐우쭐 간다

떼지 않은 상표 흔들며 세상 물정 모르던
천진난만 나의 그때처럼 성큼성큼 간다

나는 무엇으로 내가 되나요

가리산 자락이 보이고 새소리가 들리는 묵정밭이 내 집 내가 알고 있는 세상은 태어난 이곳이 전부죠

산벚꽃이 벙글어질 무렵 묵정밭 주인은 쓸모없다며 나를 개울가에 버렸어요 내 발이 물속에 잠겨 떨고 있을 때 멀리서 흔들리는 모감주나무는 내 행적을 궁금해했어요 내 이마에 부리를 비비던 박새와 여치와 무당벌레도 보이지 않아요

산벚꽃이 지고 버찌가 익을 무렵 감자밭 주인은 버려진 나를 가져와 허물어진 감자밭 둑을 쌓았어요 내 어깨 위에 걸터앉은 뾰족이, 머리 위에 넙데기, 또 그 위에 삐딱이, 허리는 휘어지고 다리는 부러진 채 우리는 서로를 의지해 밭둑이 되었지요 바람은 무심히 지나가고 새들이 노래할 때마다 나는 노을을 바라보며 무거운 저녁을 보냈어요

묵정밭 기억이 희미해지고 이끼에게 몸을 내어주고 물소리에도 익숙해질 무렵 묵정밭 주인과 감자밭 주인은 나를 가져가겠다며 다투기 시작했어요

나는 무엇으로 내가 되나요
쓸모없다며 버릴 때는 언제고 이제 와서 서로 주인이라니
나는 그대로 나인데
그저 밭에 뒹굴던 돌일 뿐인데
그들의 주장은 산 뻐꾸기 목이 다 쉴 때까지도 끝나지 않아요

그 혀의 족보

예리한 감별사인 그의 혀
냉동실을 거친 것은 바로 알아차린다
바다에서 방금 건져 올린 파도라는 가게 주인의 떠벌림도
생물과 냉장의 차이를 어김없이 짚어내는 그의 혀
늘 한 수 위였다

옆집에서 갖다 준 나물무침
맛집에서 재어온 불고기
감쪽같이 내 솜씨로 둔갑시켜도 귀신같이 알아내는 혀
이거 어디서 난 거지

맛에는 그토록 세심하지만 말에는 무감각한 혀
툭하면 냉동 상태로 내어놓는다
내 말이 미처 끝나기도 전에
됐어, 알았어, 그만
급랭으로 튀어나오는 말은 얼음조각이다

오늘도 황당한 얼음덩이에 치여

종일 입을 봉한 내 혀는 입속에 단단히 붙어 있다
건조대에서 그의 바지를 걷어 꼬깃꼬깃하게 뭉쳐
다시 세탁기에 던져 버리는 나를 힐끔 보는 그
급히 쏟아 놓은 말들을 쓸어 담더니
레인지에 넣어 해동 버튼을 누른다
반쯤 녹은 말로 슬며시 내 옆구리를 건드려도
구겨진 내 입은 풀리지 않는다

한밤중에 백과사전을 놓고 그 혀의 근원이 무엇인지 찾아본다
냉동의 말을 찜통에 넣고 뼈대 속까지 고아도 보고
현미경에 딱딱한 혓바닥을 놓고 들여다보며
새벽까지 혀의 족보를 찾아본다

굳은 혓바닥
날카로운 혓바닥

아무리 연구해 보아도 수선은 도저히 안 될 것 같다

콩나물시루

엄마의 관심은 온통 단칸방 한쪽의 콩나물시루이다

당신 손에서 정확한 박자로 떨어지는 물을 마시고 콩나물은 음표를 키운다 연노랑의 머리와 통통하게 오른 살과 잔뿌리가 없어야 하는 까다로운 입맛이다 애들아 밖으로 얼굴 내밀면 질겨져 못 쓴단다 당신은 빛 한 점 들이지 않겠다는 듯 두껍고 까만 천으로 머리를 꾹꾹 누른다 가끔 천 밖으로 손가락이라도 삐져나오면 잽싸게 안으로 밀어 넣는다

식탁에는 언제나 콩나물밥과 국이다 콩 비린내에 신물 난 입들이 삐죽 꼬리를 만든다 아침이면 엄마는 조신한 안단테 박자를 주문한다 음표로 빼곡한 악보를 보며 점점 살이 오르는 콩나물은 꼬리가 여럿 달린 비트에 열광한다

시루가 좁아지며 제일 먼저 보자기 밖으로 얼굴을 내민 셋째가 겁 없이 빛을 향해 내달린다 놀란 당신이 뒤쫓았지만 32분 음표 꼬리를 가진 셋째는 빨랐다 셋째를 놓치고

한동안 망연자실한 엄마의 머리는 허연 2분 음표가 된다

  지휘자가 통제하지 못하는 악장이 떨어져 나갔다 그 빼곡했던 안단테 악보도 이제 낡아버린 지 오래다 옛집에 모인 질겨진 콩나물들, 안부와 냄새가 그립다며 시루에 코를 박고 큼큼거린다
  시들고 말라 시꺼먼 실이 된 엄마만 시루 속에 들어 있다

먼지가 꽃이 되고 꽃이 먼지가 되는

충전을 위해 마련한 식탁에서 서로가 방전되고 있다

두 사람은 식사 내내 말 한마디 없다 한때 프리지어나 장미가 피던 식탁에 더는 꽃이 피지 않는다 먼저 수저를 놓은 남자가 소파로 간다 침묵이 따라간다

남자는 습관처럼 리모컨을 집어 들고 채널을 누른다 서바이벌 게임을 하던 출연자가 넘어지자 깔깔대는 웃음소리가 거실 바닥으로 쏟아진다 담배를 물고 남자가 현관문으로 나간다

깨작이며 밥알을 세던 여자가 반쯤 남은 밥과 반찬을 싱크대에 버리고 안방으로 간다 방 문이 닫힐 때 장식장 위의 먼지가 아래로 가라앉는다 드라마를 틀어놓고 한나절이 넘도록 문이 열리지 않는 방

심심해진 뉴스는 혼자 웅얼거리고 남자는 소파에서 낮잠을 잔다 소리도 지루해진 거실에 창을 넘어온 오후 햇살이 무연하다

베란다 제라늄도 몇 해 동안 꽃을 피우지 않는데 한 줄기 햇빛에 뿌연 먼지만 반짝인다
　먼지가 꽃이 되고 있다

　거실과 식탁이 벽이 되고 물 내리는 소리와 발소리도 어둠이 되어 간다
　집안의 것들이 길들어져 멀어져 간다

오늘의 메뉴

버튼 A

전원을 켠다 잠깐의 방심도 금물이다 경계의 눈빛으로 싱크대 안 물방울의 미세한 움직임까지도 읽어 낸다 전선을 타고 온 전기에 가속이 붙고 스위치는 눈을 부릅뜨며 불을 밝힌다 신선한 발상이 시들기 전에 네게 전할 단어에 시동을 건다

버튼 B

지나간 시간에 맞는 새 옷을 고르고 연대기의 숨결을 매만진다 당신이 우아하게 숙성되고 있다 뚜껑을 덮었지만 밀폐된 공간에서 꽃이 피고 열매가 달렸다는 소식을 접수한다 그 열매의 목소리는 고풍스러운 멋을 지녔다

나는 책장을 넘기며 긍정의 고개를 끄덕인다 곰삭은 문장은 입맛을 부른다

버튼 C

정면을 응시하는 눈이 파르르 떨린다 숫자 하나하나에 집중한다 숫자가 깜빡이는 전광판을 쓰다듬는다 하루에

도 몇 번씩 극지방과 열대를 오르내린다 물에 떠다니는 손들이 모여 궤적을 만든다 얼음을 딛고 선 다리에 퍼런 힘줄이 선명하다 무난하게 전개되던 단락이 긴장으로 살얼음이 낀다

  버튼 D
  보관은 내밀하다 빠르게 시간을 먹은 부작용인지 입력이 틀렸다며 단말기가 계속 신호음을 보낸다 어제 심은 모종과 씨앗에 입혀진 과다 복용의 촉진제, 안과 밖이 다른 모양으로 자라나 구겨진 계단을 오른다 속성 속성을 부르짖는 군중의 시위소리 커져간다 이야기의 결말을 두고 입맛대로 진단을 내린다

  김치 냉장고에 들어간 당신의 자서전과 나의 오늘이 버튼의 명령대로 제대로 익어 간다

멀고 먼 외가

엄마가 흔들어 깨웠다 잠의 꼬리가 뚝 끊어졌다
인적 끊긴 새벽길 동생을 업고 내 손을 잡은 엄마
수심 어린 달빛을 밟으며 마냥 걸었다
새벽 한기와 일렁이는 긴 그림자에 목이 움츠러들다가 뻣뻣해졌다

썰렁한 대합실에서 하염없이 기차를 기다리는 동안
밖이 서서히 밝아지고 있었다
기차는 느릿느릿 삼랑진역을 지나
동대구역에 내렸을 땐 점심시간을 한참 지나 있었다
엄마는 빵 한 개를 내 손에 쥐여 주고 동생에게 젖을 물렸다

비포장 길을 몇 시간 달려간 시외버스에서 내려
어둑한 신작로를 걸어 살얼음이 낀 개울가에 다달았다
머리를 풀어 헤친 어둠과 흐느낌 같은 개울물 소리
멀리서 개 짖는 소리와 볏짚 타는 냄새가 아득하게 번져왔다

휑한 논과 낮은 산을 끼고 외가에 도착했을 땐 밤이 깊어 있었다

사립문 앞에 앉아 한동안 한숨만 내쉬던 엄마
놀란 외할머니가 뛰어나왔다
손을 맞잡은 외할머니는 더 짙은 한숨을 내쉬었다
다른 사람 보기 전에 일찍 가거라 단호한 목소리
그 말에 흙담 너머로 앙상한 대추나무가 솟아올랐다가 사라졌다
나는 멀미 때문에 앉아 있기도 힘들었다
부뚜막에 앉아 엄마는 내 입에 자꾸 식은 밥을 밀어넣었다

잠결에 훌쩍이는 소리가 들렸다
엄마가 나를 흔들어 깨웠다
돌아보니 초가지붕이 눈물 훔치며 따라오고 있었다

제4부

덩굴장미 금융회사

 오월 어느 날 덩굴장미는 눈 밑 잔주름을 감추고 온 동네 울타리마다 다리를 걸친 채 남의 집안을 흘깃거렸다 담벼락 밑에서 거미줄처럼 창창하게 번져나간다는 그녀의 금융회사는 달맞이꽃 한 송이를 맡기면 나무수국 열 그루로 만들어 주겠단다 그 마법 같은 일에 온 동네 꽃들이 열광했다 개망초는 서랍에 보관해 둔 말린 잎을 맡겼다 마리골드는 자기 뿌리를 캐어 주고 집안의 천일홍도 바쳤다 그녀는 마리골드 머리에 큼직한 리본을 달아 주고 아메리칸 익스프레스 블랙카드라는 애칭을 붙여주었다 가시가 박힌 그녀의 붉은 장갑은 동네 꽃과 나무를 모조리 쓸어 담았다

 달콤한 봄이 물러지고 더위 속에 온 동네가 술렁거렸다
 담장 너머로 줄기 부러지는 소리가 골목을 감쌌다 새벽 네 시를 넘어가는 잔주름에도 개들은 꼬리를 감추고 짖지 않았다 삼삼오오 모인 꽃들이 서로 귓속말을 주고받으며 손바닥에 뭔가를 적었다 형사 모자 쓴 사마귀가 사건 경위서를 작성했다

그녀가 펼친 마법에 취해 음모를 눈치채지 못한 마리골드와 개망초 그 이웃들은 장미 가시에 울타리 한쪽이 찢어지고 대문이 기울어졌다 그녀가 준 나무수국은 끝내 씨방을 키우지도 열매가 달리지도 않았다 쓰러진 마리골드는 응급실로 실려 가고 오른쪽 다리가 무너진 개망초는 여름 내내 비 한 방울 먹지 못했다

 덩굴장미가 감쪽같이 사라져 버리자 집집마다 고함과 꽃잎 찢는 비명이 터져 나왔다 창으로는 가지 부러진 가구와 뿌리 뽑힌 책들이 튕겨 나오고 골목에는 벌레 먹은 장미 꽃잎만 소문만큼 수북했다 가시에 찔린 마리골드, 개망초 뒤로 피가 낭자한 손바닥이 오래도록 마을을 떠돌았다
 그해 시월 이후 마을 어디에도 꽃이 피지 않았다

획일화 시대

전체 열중쉬어 차렷

무릎은 꿇고
고개는 숙이고
팔도 접은 쥐똥나무 울타리

스크럼 속에서
혼자 까치발 하면 안 돼
어깨를 올려서도
고개를 들어서도 안 돼
뻗었던 팔과 손목이 떨어지고
머리카락이 잘리고
긴장된 어깨를 탱탱하게 맞추려는
쥐똥나무는 비장하다

순서는 필요치 않아
맞추는 거야
같은 생각만 하고

같은 노래만 불러야 해
생각은 그대로 흘려버리고
그저 앞만 응시해야만
시곗바늘은 아무 일 없다는 듯
순서대로 돌아갈 거야

같아야 해
똑같아야 해
다시 제자리에 끼워지는
단추 같은 자리

제비는 바람잡이였다

일주일 동안 키운 박을 지하철에서 톱질하는 남자

잿빛으로 변한 흰 운동화
소매 끝은 헤어지고 다른 색깔의 단추가 달려 있다
조심스레 꺼내는 몇 장의 복권
지갑 속에서 박씨를 문 제비가 나온다

바지에 손을 문지른다
숫자를 확인하는 비장한 눈빛
슬근슬근 남자의 손에 잠깐 파랑새가 날개를 퍼덕인다

아무것도 없는 빈 박을 한동안 들여다본다
계속해서 물어 오는 박 쪼개기에 열중한다
경건한 의식이 주변으로 번진다
박에서 쏟아진 보화에서 폭죽이 터지면
의자도 벌떡 일어나 손뼉을 보탤 것 같다

새로운 파랑새가 등장할 때마다 표정은 더 어두워진다

제비도 흥부도 사라지고
주변에는 속이 텅 빈 박들만 어지럽게 굴러다닌다
빈 박만 물고 온 제비는 바람잡이고 뜬구름이었다

남자는 떨어진 깃털을 챙겨 지갑 속으로 밀어 넣는다
고개 숙인 복들이 환승한 나처럼 승객 사이로 몸을 좁힌다
쪽박을 확인하고 허방역에서 내리는 남자
다시 몇 번이고 숫자를 맞추어 볼지도 모르겠다

그가 제비를 기다리는 동안
마른 땅에 싹이 돋고 초가지붕에는
새로운 박이 주렁주렁 열릴 것이다

코드블루

코드블루, 코드블루
심정지 환자 발생
이승과 저승의 기로에서 응급 의사와 간호사가 달려간다
로비의 사람들은 아무 일 없다는 듯
약을 타고 접수를 하고 진료실로 향하고

코드블루, 코드블루
갑자기 집이 심정지이다
신나게 밥을 하던 전기밥솥이 손을 놓고
냉장고, 청정기가 꺼지고 전자시계도 눈을 감고
컴퓨터 문서를 인쇄하던 아이도 안절부절
우리는 검은 거실에 모여
몇 번씩 현관문을 열어보며
집이 숨쉬기를 기다린다
창밖 상가에는 여전히 사람들이 들락거리고
자동차들은 무심히 지나가고

드디어 전등의 심장이 뛰었다

큰 소리로 냉장고가 일어서고
공기 청정기가 심호흡을 하고
시계가 숨을 크게 들이쉬고 내쉬고
나는 다시 주방에 서고 아이는 컴퓨터 앞에 앉고
세상은 아무 일 없다는 듯
바람은 벚나무 가지를 흔들고 사람들은 갈 길을 간다

코드블루, 코드블루
자주 전원이 나가는 내 머릿속
깨어나지 못한 심정지 환자
저장키가 놓친 주방과 사라진 문서
너를 기다리는 동안 쓸쓸한 두근거림
어디에서 찾아야 할까

코드블루, 코드블루

터닝 포인트

저녁 무렵 흙에서 은퇴했다

세상 물정 어두운 그
소나기로 쏟아지는 정보에 밖으로 고개를 내밀었다 비는 달콤한 입술로 내일을 부추기고 포장된 길은 완벽한 입맛을 선물했다 목마른 잡초가 단비에 내지르는 환호를 일생일대의 기회라 생각했다

소낙비 그친 공원 길은 풀의 목소리가 메아리로 남아 있다 성급히 등장한 땅속의 것들이 화단 옆 인도에서 방향을 놓쳤다 살갗 감쌌던 습기가 불안하다 그토록 벗어나고 싶던 흙에서의 날들이 울컥하다 분홍빛 화단은 어디로 사라졌을까 돌아가는 길이 깜깜하다 아무리 긁어 부어도 여전히 출렁거리기만 하는 길이다

날이 개고 햇살이 뜨겁다 서서히 드러나는 길의 음모

시멘트 바닥에서 몸을 비튼다 발버둥 칠수록 땡볕에 몸

이 말라간다 부풀었던 창업이 뙤약볕 속으로 사라진다 흙빛으로 쪼그라든다 움켜진 흙 수저를 떨어뜨린다
  먹구름으로 어두워진다
  비가 쏟아진다
  그는 떠내려간다

  다시 땅속이 꿈틀거리고 물정 어두운 또 다른 그가 고개를 내민다
  위험 메뉴는 가린 군침 도는 설계도가 은빛 꼬리를 살랑인다

N포세대

매미들이 도착했습니다
어둠을 잃어버린 조바심과 벼락치기 학습입니다
잠을 토닥이고 꿈을 키우던 밤은 어디 있는 걸까요
한꺼번에 자지러지는 목청은 한낮 햇살보다 비장합니다

어쩌다 내 방 창가에 자리 잡은 매미
흉기가 된 울음을 무장하고
창틈으로 장전한 총알을 난사합니다
울음 꼬리에 매달린 내 잠도 어지럽습니다

여름은 끝나가는데 고백할 시간은 없는데
칠 년을 기다린 그녀가 떠나간다고
질긴 하소연이 꿈결까지 쫓아와서는
잠을 파먹고 여름밤을 쪼개고 있습니다

준비 없이 받아든 시험지에 누렇게 뜬 답안
대학 마지막 등록일까지 입학금이 없어
똥줄이 타들어 가도록 뛰어다니는 시뻘건 얼굴이 나옵니다

난처한 울음은 이리저리 골목골목 끌고 다니다
동틀 무렵에야 놓아줍니다

누군가 뒤를 밀고 있는 듯 쫓기는 걸음입니다
이명처럼 환청에 시달리는 느티나무 이파리
어둠이 삭제된 도심에 착지한 잘못입니다

내 이름 문패는 진즉 포기했습니다
짝짓기도 날려버렸습니다
앓다가 지나 버린 계절입니다

산 오디

주말농장의 산 오디나무
나뭇가지 실하게 열매가 달렸다
짱짱한 햇살과 투영한 바람이 굳은 맛
비닐을 깔고 장대로 나뭇가지를 후려쳤다
산 그림자를 바라보며 무방비로 서 있던 오디나무
화들짝 놀라 부르르 몸을 떤다
사정없는 매질에 작은 가지들도 부러져 떨어진다

묻지 마 폭행을 당하고
후드득 열매를 소나기처럼 쏟아낸다
매질을 피해 몸을 비트는 오디나무
헛손질을 한 기다란 장대가 바닥을 내리친다

산 오디 곁의 층층나무
그 소란에 깜짝 놀라 이파리를 접고 어깨를 웅크린다
오디는 한동안 비닐 위에 검붉은 피를 쏟았다
실컷 두드려 맞고 전 재산을 모조리 빼앗긴 오디나무
떨어진 열매를 담으며 위를 올려다보니

헝클어진 머리에 멍들고 추레해진 가지들
장대와의 줄다리기에서 나무는 일방적 피해자였다

열매를 빼앗기고 빈손으로 서 있던 오디나무
눈두덩이도 시퍼렇게 부어 있었다
억울한 일을 당했다며 내 품에 안겨 눈물 쏟던 아이처럼
오늘 밤 층층나무 품에 기대 흐느끼고 있을까
식탁 위 오디 열매를 망연히 들여다본다

햇살은 여전히 근무 중

퇴직 뒤 가장 먼저 한 일은
귓전 머물던 두 개 알람을 풀어 놓은 것
아침이면 날아다니던 내 발을 잠재우는 것

허둥대던 꿈에서 빠져나오던 아침 여섯시
베이지색 정장에 가방을 들고는 창밖을 본다
창문 너머로 학교 붉은 담장이 나를 가로막는다
수첩에 아침에 먹던 사과와 썰던 양파가 들어 있다
거울과 수첩 들여다보기를 반복한다

한낮에 우두커니 거실에 서서
오른쪽과 왼쪽을 구별하지 못했다
당신은 언제나 오른쪽에 있고 나는 왼쪽이었는데
왼쪽이 보이지 않는다
장식장 안에 신발장의 옆구리가 보이고
책장 안에 세탁물과 전기밥솥이 들어 있다
컴퓨터와 액자가 어색하게 나를 바라본다

집안 공기보다 물건보다 더 이방인이 된 나
이 방 저 방 다니며 커튼을 뜯어낸다
침대보와 이불을 욕조에 담그고 손빨래를 한다

경력 단절을 모르는 햇살
여전히 싱싱하게 업무 중이다
아무리 낭비해도 여전히 손에 남아 있는 하루

다시 또 저녁이다

커피 맛 기안문

  목덜미 뻣뻣한 새벽, 식탁 위 빵 한 조각을 씹으며 서류를 가방에 넣고 출근을 서두른다 사무실 안 냉기를 지나 커피포트에 물을 올린다 기다리는 동안 하루를 훑어본다 커피 잔 속에 주변이 서서히 떠오른다 한 방에 톡 털어 넣을 농축된 해결책을 주문한다

  요약된 깔끔한 아메리카노 기안문

  김 과장은 기안 서류를 곁눈질로 보더니 툭 한쪽으로 던진다 종이들이 한 장 한 장 펄럭이며 떨어진다 퇴근 전 완성해야 하는 서류를 생각하며 혼자 점심을 먹는다 자반고등어를 머리부터 뼈째 꾸역꾸역 씹어 먹고는 자리로 돌아와 초콜릿 조각을 똑똑 분질러 입에 넣는다

  짧고 진한 에스프레소 기안문

  뉘엿뉘엿 넘어가는 늦가을 햇살이 창문턱에 걸려 있다 몇 잎 남지 않은 은행나무에서 이파리 하나 팔랑 떨어져

내린다 퇴근 뒷목이 뻑지근하다 동료들은 술자리에서 김 과장을 올려놓고 씹는다 설탕을 듬뿍 뿌려도 뒷맛은 쓰다

   참신한 라떼 맛 기안문

   김 과장의 일그러진 얼굴을 가방에 쑤셔 넣는다 먹다 남은 초콜릿과 로스팅으로 새까맣게 타버린 커피도 한쪽에 쑤셔 넣고 집으로 간다 김 과장 얼굴이 믹서 된 기안문과 까맣게 탄 가루를 변기에 붓고 물을 내린다

   홀가분하다

분수 넘치는 꿈

평생 월급쟁이로 살던 K
쉰이 넘어 드디어 요양병원을 인수하게 되었다며 자랑이 짱짱했다
주변에서 원장님 원장님 부르는 소리에 어깨를 올리며
나에게 편의점 운영권 주겠다는 말에
매일 밤 허공에 궁전을 짓느라 나 역시 함께 부풀었다

예상보다 투자금은 비누 거품처럼 불어났다
리모델링은 끝이 없었고 동업자마저 사라졌다
아파트를 저당 잡히고 푼돈까지 다 털어 넣고
친인척의 통장마저도 넘보며
아무리 쏟아부어도 부족한 자금에 피를 말리게 되었다

K가 돈을 구하려 사방으로 뛰어다니는 동안
병원 구석진 담장 아래 불개미가 기어 다니고
화단의 맨드라미가 뿌리째 뽑히고
장례식장 유리창 틀 아래에는
매일 밤 하루살이가 수북이 떨어져 있었다

세상은 아무 일 없다는 듯 잠잠하게
여러 개의 붉은 눈들이 번득이며
나무둥치가 넘어지는 것을 지켜보고 있었다

몇 달 들떠서 날아다닌 풍선의 계절
꿈은 혹독했다
평생 모은 재산을 날리고 빚더미에 앉는 건 순간이었다
덩달아 허공에 올리던 내 꿈도 함께 떨어졌다

물건 속 물건들

새 물건은 빠르게 세력을 넓혀가지

큰 목소리에 나는 맥없이 투항하지

내가 들고 왔는데 나보다 힘이 세지

물건들은 물건을 먹고
물건 아래서 숨 쉬고
물건에 기대어 시들어가지
으슥한 곳에 숨어있다가
몇십 년 만에 불쑥 나타난 것들
현관부터 창고까지 점령하고 주인 행세를 하지

물건 줄이는 것은 나의 해결책이 아니야
방을 많이 만들어야 해
물건을 위한 방의 이름을 정해야 해
물결 방 숲 방 소리 방 그림자 방

러닝머신과 자전거는 초원 방을 줄게
여러 체급의 아령이 팔을 올리고 말馬은 별빛을 쫓아가지
옷에게도 마음을 두는 방이 필요해
잠옷을 깨우고 작업복에게는 일요일을 줘야지
꽃과 햇살을 위한 방도 필요해
책장의 입맛에 맞는다면 내 꿀잠도 줄게

물건 사이에서
저 물건으로 불리던 술에 찌든 사내도 나오고
똘망똘망 쓸만한 물건이라며 좋아하던 후배도 나오고

나도 한때는 기대되는 물건이었는데
물건 속에서 입맛만 다시는
쓸모 없어지는 물건으로 변해 가고 있어

이젠 누가 나를 흔들어 줄까

내가 나를 지나치고 있어

스트로베리 스탑핑

딸기잼을 만든다
냄비에 발그레한 스물이 있다

그날 친구들과 먼 신작로 따라 찾았던
딸기농장으로 들어간다
뻐꾸기 울음 사이로 오월의 웃음이 터진다
초록 사이에서 붉은 열매를 골라
썸타는 네 등에 넣고 손바닥으로 누른다
딸기밭 이랑을 뛰던 와자한 젊음이 붉게 부푼다
밀당의 온도가 화사해진다
수줍은 딸기가 너를 찍었어 더 수줍은 너는 딸기에 갇혔어

잼이 졸아든다
등의 붉은 얼룩이 달아오른다
후끈하던 무당벌레 한 쌍이 튀어 오른다
단내가 진동한다
햇살도 달달하게 딸기보다 더 얼굴이 붉어진다

딸기는 달콤해 딸기는 내 취향

잼이 졸아든다
눌어붙는다
냄비는 뭉그러진 딸기 조각을 붙들고 놓지 않는다
단내와 탄내가 뒤엉킨다
딸기 자국을 어떻게 지웠을지를 궁금해하던 안부
딸기밭 후일담은 눌어붙은 검정으로 돌아왔다

딸기는 딸기에 갇혀 딸기를 한 번도 벗어난 적 없다고
평생 초록 꼭지에 매달려 과육은 시들어갔다고

실패해버린 잼
끝물 딸기의 시큼한 얼굴이 지나간다
맛이 변했어
딸기는 전혀 내 취향이 아니었어

해설·시인의 말

| 해설 |

통각痛覺의 언어

고광식(문학평론가)

1. 감정

세상의 모든 주체는 독립적으로 존재하지 않는다. 생의 출발부터 타인과 끊임없는 관계를 맺으며 살아간다. 타인과의 관계에서 우리는 수많은 생리적 자극과 지각의 상호작용에 의한 감정을 경험하게 된다. 이러한 특별한 감정은 신체 기관을 통한 감각으로 발현된다. 질 들뢰즈는 『감각의 논리』에서 감각에 대해 이렇게 주장한다. "우리는 더 이상 단순한 진동의 영역에 있는 것이 아니라 공명의 영역 속에 있게 된다." 우리는 들뢰즈가 언급한 진동과 공명에 주목해야 한다. 타인과 만나는 과정에서 겪게 되는 힘의 진동은 결국 감정이 증폭되는 현상으로 발전한다. 즉 삶의 진행은 감각의 프레임으로 느끼는 감정의 연속이다. 모든 주체의 욕망이 뒤엉키는 곳이 삶의 현장이다. 때로 시는 이 지점을 발화

지점으로 삼으면서, 통각의 언어로 특별한 세계를 만든다.

  통각의 언어에 있어서 손영의 시는 감각의 프레임에 붙잡힌 기억을 수평 선상에 놓고 시적 사유를 전개한다. 시적 주체는 "새 물건은 빠르게 세력을 넓혀가지//큰 목소리에 나는 맥없이 투항하지//내가 들고 왔는데 나보다 힘이 세지"(「물건 속 물건들」)처럼 물화의 프레임에 걸린 자신을 본다. 세상의 모든 사물이 욕망의 불꽃을 피운다. 이제 '나'는 소유한 것으로부터 지배를 받는 존재로 전락한다. 시적 주체는 타자화된 욕망에 사로잡혀 살아가는 존재이다. 따라서 타자에게 잘 보이기 위해 "화면을 들여다보며 보정 작업을 하는 사진사"(「증명사진」)를 응시하고 있다. 오직 타자를 만족시키기 위해 얼굴에 필러 시술을 하고, 보톡스로 이마의 주름살을 없앤다. 삶의 주체는 타자의 욕망 때문에 더 이상 순백의 대지 위에 설 수 없다. 지금 여기는 온갖 종류의 욕망으로 통증을 생산하는 중이다.

  손영은 통각의 순간을 시적 발화지점으로 삼는다. 주체는 감각 속에서 살아 있음을 느끼고 통각 속에서 사건이 발생했음을 깨닫는다. 통각은 시인에게 시적 사유가 솟아날 수 있게 하는 기제로 작용한다.

    까만 푸들 끌고 공원에 나간다
    하얀 포메라니안이 스쳐간다

순식간 둘은 뒤엉킨다
주인이 달려가 목줄을 잡고
하나의 감정을 양쪽에서 당긴다

꽃을 배회하는 나비
꽃에 앉는 순간 무엇을 감지했을까
불꽃이 당겨지는 순간은 몇 초일까

처음 본 당신에게 심장에 라일락 피던 날
누군가 나를 열고 왔던 일도
나와 전혀 다른 당신을 떨쳐내지 못한 일도
어쩌면 오래전 준비되었던 일
이미 주어진 시간 속에 들어 있던 일

두 장의 꽃잎에 겹친
아주 긴 찰나

―「긴 찰나」 전문

  감각은 습관적으로 타자에게 향하고, 통각은 격렬함 때문에 자신에게 향한다. 시적 화자와 푸들의 감각은 동시에 타자인 포메라니안으로 향한다. 화자가 공원에서 만난 위험은 시각 속에 포획된 하얀 포메라니안 때문이다. 서로 다른 두

마리의 견종은 서로의 존재에 위협을 가한다. 감각으로 확인된 대상에 존재론적 위협을 가하는 상황이 순식간에 발생한다. 푸들과 포메라니안은 감각적으로 뒤엉켜 통각의 순간을 부른다. 푸들과 포메라니안의 주인은 "하나의 감정을 양쪽에서" 당기는 것으로 사건을 해결하려 한다. 사회성이 있는 동물들이기 때문에 감정의 교류는 더욱 격렬해진다. 사회적 서열은 중요한 질서를 만든다. 사회적 동물뿐만 아니라 꽃과 나비도 감각으로 세상에 자신의 존재를 드러낸다. 화자는 "꽃을 배회하는 나비"를 진술함으로써 감각은 기질이고 본능임을 확인한다. 이처럼 감각은 살아 있는 생명체의 신경 시스템 위에서 작용한다. 화자가 던지는 "꽃에 앉는 순간 무엇을 감지했을까"의 질문은 하나의 사건을 예고한다. 감각은 필연적으로 "불꽃이 당겨지는 순간"처럼 사건을 만들기 때문이다.

감각을 구체화하는 곳에 감정이 있다. 감정 속에서 하나의 사건이 일어난다. 이 지점이 통각이다. 통증을 따라가다 보면 타자의 욕망으로 무한한 궤도를 돌고 있는 '나'를 만난다. 손영 시인은 통각의 언어로 삶의 주체를 찾아 나선다.

2. 방황

　현시대를 살아가는 삶의 주체는 읽어야 할 지도나 방향을 가르쳐 주는 나침반이 없어 방황할 가능성이 높다. 이 때문에 이성의 힘으로 삶을 계획하고 설계해야 한다. 그래야 불확실한 미래를 향해 갈 수 있다. 우리가 알고 싶은 것들은 미래 세계에 있다. 따라서 미래는 안개 속과 같아 늘 불안하다. 삶의 주체는 인생이 방황의 연속인 것을 안다. 때로는 무계획적으로 낯선 길을 걸어가는 사람들도 있다. 뚜렷한 목표나 방향을 잡는 것은 중요하다. 하지만, 삶의 과정에서 실패라는 통증을 경험한 주체들의 방황은 더 심해질 수밖에 없다. 학습된 무기력으로 모든 것을 내려놓을 수 있기 때문이다. 삶의 주체들은 수많은 정보를 가지고 세상을 살아간다. 그러나 그 정보와 지식이 자신과 맞지 않는 경우가 많다는 걸 안다. 이런 이유로 삶의 진정한 주체가 되기 위해 오히려 방황을 키우기도 한다. 그래서 성장하고 새로워지는 자신을 발견할 수 있다고 믿는다. 따라서 삶의 주체는 방황이 깊어질 때 통증이 일어나는 지점을 잘 들여다보아야 한다.

　방황 속에서 '나'는 성장한다. 그리고 새롭게 탄생해 미래로 나아가는 존재가 된다. 우리는 삶의 압력과 무기력을 극복하는 힘을 찾아야 한다.

헛소문에 쪼그라져 구석에서 훌쩍이는 연두

코너를 돌다 우물쭈물하는 연두

간판 앞에서 방황하는 연두

액자 속에서 고개 숙인 연두

푸른 기에 눌린 연두

연두에게 쫓겨난 연두

열두 색 크레파스 상자 속엔 열두 개의 연두

어쩔 수 없는 연두라는 말을 지우려

상자를 열어 열한 개의 연두를 버린다

선명해진 연두가 슬쩍 고개를 든다

—「연두빛으로 중얼거리다」 부분

스크럼 속에서

혼자 까치발 하면 안 돼

어깨를 올려서도

고개를 들어서도 안 돼

뻗었던 팔과 손목이 떨어지고

머리카락이 잘리고

긴장된 어깨를 탱탱하게 맞추려는

쥐똥나무는 비장하다

>   순서는 필요치 않아
>   맞추는 거야
>   같은 생각만 하고
>   같은 노래만 불러야 해
>   생각은 그대로 흘려버리고
>   그저 앞만 응시해야만
>   시곗바늘은 아무 일 없다는 듯
>   순서대로 돌아갈 거야
>
>   ―「획일화 시대」 부분

「연두빛으로 중얼거리다」의 시적 화자는 아직 어른이 되기 전 어린 시절 자기주장을 분명하게 하지 못했던 기억을 떠올린다. 연두로 상징되는 어린아이는 아직 노랑과 초록 사이를 떠도는 유약한 존재이다. 화자의 방황은 주변의 눈치를 볼 수밖에 없는 어린 시절부터 시작됐다. 분위기를 파악하고 입을 닫는 상황이 연출될 때마다 정신적 방황은 커가기 시작한다. 어릴 적 소심했던 화자는 "헛소문에 쪼그라져 구석에서 훌쩍"이거나 "코너를 돌다 우물쭈물"할 수밖에 없었다. 이렇듯 어릴 적의 기억은 생생하게 살아 현재의 감정을 만든다. 시적 화자의 기억은 "간판 앞에서 방황하는 연두"로 생생한 리얼리티이다. 어릴 적 기억의 정동情動을 일깨우며 방황은 현재로 끊임없이 수렴된다. 삶의 나침반이 없어 주관적 시간이 길었던 방황은 "어쩔 수 없는 연두라는 말을" 지우려 정동적 발전을 한다. 시적 화자는 "상자를 열어 열한 개의 연두를" 버리는 것으로 놀라운 성장을 체험한다. 이렇듯 화자는 버리고 비워감으로써 자신의 나침반을 만든다.

「획일화 시대」의 시적 화자는 공동체주의 행동을 강요받았던 시대의 정신적 방황에 대해 발화하고 있다. 화자는 가장 본질적인 인간의 본성이 억압당했던 경험을 드러내 미래의 길을 만들고 싶어 한다. 개인 각자의 특성을 억누르고 하나의 목표를 향해 "스크럼 속에서" 나아갔던 시대의 기억을 파노라마처럼 펼쳐 보인다. 개인보다는 전체를 중요시했던 시대는 "혼자 까치발 하면 안 돼"처럼 모두가 통일된 행동을 한다. 전체를 위해 개인은 희생당하는 게 당연하다. 아니, 숭고하다. 바로 이와 같은 이데올로기로 "같은 생각만 하고/같은 노래만 불러야" 했다. 개인적 특성이나 욕망이 허용되지 않았던 시대의 기억은 내적 방황을 더욱 심하게 만든다. 그리고 억압당했던 경험을 불러내 마주하는 순간은 통증을 불러온다. 필요악인 사회가 모든 삶의 주체를 절대복종시키는 순간은 고통이다. "그저 앞만 응시해야만" 했던 시절의 기억이 과거로부터 온다. 개인의 욕망을 지웠던 상처가 가슴에 남아 있다. 따라서 방황은 사라지지 않는 존재성의 확인이다.

김을 펼치고 얇게 오늘을 깔고
　　상큼한 오븐과 달콤한 원고지 꼬들꼬들한 이야기를
올립니다
　　재료가 새지 않게 꾹꾹 눌러가며 정성껏 말아준 김밥
　　꼬투리 하나 먹어 보고는
　　대중의 입맛은 요즘의 경향이 아니라고 합니다

　　잘 말아진 김밥에서 오늘을 말아 먹은 맛이 납니다

　　참신한 재료를 찾아 숲길을 걷고 물가로 갑니다
　　이 수선화는 어디를 지나 집으로 갈까요
　　이 물결은 어디를 돌아 나에게로 올까요
　　　　　　　　　　　　　　　—「김밥 레시피」 *부분*

　김밥을 만드는 행위는 외출을 전제로 한다. 화자는 요리에 집중하며 현재의 갇힌 공간에서 벗어나고 싶다. 삶의 과정에서 나타나는 통각이 존재론적 방황을 불러온다. 존재에 대한 자각이 "김을 펼치고 얇게 오늘을" 깔게 한다. 시대의 억압에 타협했던 오늘이 김밥 속에 은폐돼 있다. '나'는 그 누구도 아니고 바로 '나'이어야 하는 자아 동일성도 말아져 있다. 삶에 대한 회의는 존재론적 위협이다. 화자는 사회로부터 묶음과 결속을 강요당하는 삶을 산다. 그래서 부당한 간섭을 받고 싶지 않다. 하지만, 현실의 억압은 언제나 힘이 세다. 화자의 사회에 대한 저항은 "잘 말아진 김밥에서 오늘을 말아 먹은 맛"으로 뚜렷이 드러난다. 철저하게 현실의 결속에서 벗어나고 싶은 것이다. 즉 김밥을 만드는 행위는 획일화에 대한 각을 세운 부드러운 응전이다. 혼자 방황하고 표류하는 한탄이 말아 먹는 맛으로 믹소포피아의 존재를 확인한다. 화자는 방황에 마침표를 찍는 게 아니라 "참신한 재료를 찾아 숲길을 걷고 물가"에 도착해 새로운 방황을 시작한다. 새롭게 시작한 존재론적 방황은 수선화와 물결에 감정을 투사하는 행위로 확장된다.

사회 구조와 체제도 주체의 존재를 언제나 억누르는 기제이다. 늘 삶은 물속의 젓가락처럼 휘어져 보인다. 따라서 삶의 주체는 자신을 찾아 떠나는 여행을 계속할 수밖에 없다. 그러므로 방황이 계속될수록 존재론적 탐색은 깊어진다.

3. 물속

물속에선 주체의 존재가 은폐되고 부정당한다. 생존 방식으로서의 모든 기능은 더 이상 작동하지 않는다. 삶의 주체가 중요시하던 것들이 물속에 있다는 것은 존재를 지탱하던 가치의 몰락이다. 이때의 몰락은 성찰을 전제로 한다. 현재 주체가 발을 딛고 있는 곳은 정교하게 짜여 있는 거대한 네트워크 숲이다. 이곳에서 우리는 자주 길을 잃는다. 허무감 속에서 방황하다가 보면 자신과 사회에 대해 성찰하고 판단할 수 있다. 따라서 '나'라는 존재를 자각하고 나답게 살 수 있는 방법을 찾게 된다. 하지만, 비로소 찾았다고 생각했던 것이 물속에 잠기게 되는 암울한 경험을 한다. 이때가 파편화된 존재가 부정당하는 순간이다. 물속에 잠긴 것들은 더 이상 어떤 움직임이 없다. 축축하게 젖은 모습으로 자신을 무한정 은폐할 뿐이다. 그것을 보는 삶의 주체는 소외된 자신과 무너진 가치를 인식하게 된다. 이때 상승하는 힘이 몰락한 물속으로부터 온다는 것을 느낀다. 물속에 잠겼어도 삶의 주체는 언제나 우리 자신이기 때문이다.

  삶의 주체는 자신의 존재를 확인하며 '나'다운 삶을 영위하기 위해 노력한다. 사회는 다양한 가치와 욕망이 섞이어서 늘 낯설다. 세상의 어떤 것도 '나'와 무관하지 않다.

>가끔 물 밖으로 꺼내 본다
>물에서 단단하던 수요일이 물 밖으로 나오면 젖는다
>말려도 보송해지지 않는다
>
>(중략)

내 곁을 떠났던 사람들은 모두 수요일

물속으로 나를 밀어버린 사람들도 수요일이야

나쁜 일 많던 수요일

덜 잠겨진 수도꼭지에서 떨어지는 물방울처럼

멈출 수 없는 수요일이야

수요일의 팔을 흔들고 매달려도

아무것도 해 주지 않는 물처럼

수요일은 잠잠한 흐느낌이야

―「수요일이 물속에 있다」 부분

샤워 끝낸 투명한 내 피부 좀 보세요 나는 아무것도 감춘 것이 없어요 이렇게 모두 보여 주잖아요 사람들은 숨김없이 다 드러내는 내가 솔직하다며 손뼉을 치더니 부담스럽다며 얼굴을 찌푸리네요 역시 대중의 입맛을 맞추기는 어려워요

(중략)

환하게 다 보여 주어 모든 걸 안다고 믿은 그가 떠나요 사람들은 눈앞에 있는 것만 보고 왜 속에 든 투명한 뼈대는 보지 못하는 걸까요 말간 마음도 잠깐의 방심에 조각조각 흩어진다는 생각을 해요 눈을 감고 한 번쯤

손끝으로 나를 읽어주세요 당신이 유리문에 기대 울고 있으면 나는 정말 난감해요

―「유리의 넋두리」 부분

「수요일이 물속에 있다」의 시적 화자는 존재가 물속에 갇힌 날을 수요일로 본다. 이 땅에 생존하는 존재는 욕망이 너무 강하다. 수많은 욕망이 뒤섞이는 지상은 투쟁이 치열한 곳이다. 이제 우리 사회는 거대한 원형 감옥이다. 우리는 파놉티콘의 규율을 내면화한 채 스스로 감시하는 데 익숙해져 있다. 특히 현대사회는 감시하는 자가 감시당한다. 상호감시는 심리적 공포를 낳는다. 따라서 시적 화자는 '나'를 은폐할 수 있는 물속이 좋다. 이러한 현상을 증명하기 위해 화자는 "물에서 단단하던 수요일이 물 밖으로 나오면 젖는다"고 자신 있게 진술한다. 세상에 자신을 드러내고 이상을 좇는 게 아니라 오히려 이상을 은폐시킨다. 사회 규율을 내면화하며 추구하던 이상은 이제 물속에 잠겨있다. 수요일은 블랙홀처럼 모두를 빨아들인다. 일상적 행위에서 상처를 입은 사람들은 "수요일은 잠잠한 흐느낌이야"처럼 물속이 편안하다. 따라서 물속에 잠겨 천 년을 견딜 수 있다는 자신감을 키우기도 한다. 물속은 세상과 경계를 달리하므로 벤담이 고안한 파놉티콘이 없다. 그러므로 감시의 눈 때문에 두려워하지 않아도 되는 유일한 공간이다.

「유리의 넋두리」의 시적 화자는 자신을 모두 드러내 보여 주고자 노력한다. '나'는 당신을 감시할 생각도 공격할 의도도 없다. 이것을 증명하려는 듯 "샤워 끝낸 투명한 내 피부 좀 보세요"라고 경계를 허문다. 그리고 진정성 있게 "나는 아무것도 감춘 것이" 없다고 말한다. 화자의 이러한 발언은 우리가 만들어 놓은 상호감시가 불필요하다는 것을 상기시킨다. 화자는 자신이 아는 절대 가치와 이념을 와해하고 상대에게 다가간다. 이렇게 함께하고자 했던 노력은 타자가 "솔직하다며 손뼉을" 치는 반응으로 잠시 결실을 본다. 하지만, 곧 "부담스럽다며 얼굴을 찌푸리"는 모습을 보인다. 이처럼 타자를 이해하고 관계를 맺고자 하는 노력은 "입맛을 맞추기는 어려워" 무위로 끝난다. 화자는 세계에서 소외되거나 고립되지 않기 위해 끊임없이 노력한다. 그러나 타자에게 다가가면 다가갈수록 "환하게 다 보여 주어 모든 걸 안다고 믿은 그가 떠나요"처럼 거리는 더욱더 멀어진다. 이제 화자는 "투명한 뼈대는 보지 못하는" 각자의 인식을 인정하기에 이른다. 비로소 존재들 간의 연결고리에 연연할 필요가 없다는 것을 깨닫는다.

    코드블루, 코드블루
    심정지 환자 발생
    이승과 저승의 기로에서 응급 의사와 간호사가 달려

간다

  로비의 사람들은 아무 일 없다는 듯

  약을 타고 접수를 하고 진료실로 향하고

코드블루, 코드블루

갑자기 집이 심정지이다

신나게 밥을 하던 전기밥솥이 손을 놓고

냉장고, 청정기가 꺼지고 전자시계도 눈을 감고

컴퓨터 문서를 인쇄하던 아이도 안절부절

우리는 검은 거실에 모여

몇 번씩 현관문을 열어보며

집이 숨쉬기를 기다린다

창밖 상가에는 여전히 사람들이 들락거리고

자동차들은 무심히 지나가고

—「코드블루」 부분

위 시에 표현된 코드블루는 심장마비 환자가 발생할 때 위급함을 알리는 신호이다. 전시가 아닌 이상 삶의 현장에서 위급한 상황은 전체가 아닌 부분적으로 나타난다. 시적 화자의 시선은 "이승과 저승의 기로에서 응급 의사와 간호사가" 달려가는 쪽을 향하다가 "로비의 사람들은 아무 일 없다는 듯" 약을 타고 접수를 하는 쪽으로 옮겨간다. 동일한 공간에서 누군가는 생사의 갈림길에 서 있고, 누군가는 평온한 일상을 구가한다. 이러한 코드블루 상황은 화자에게도 나타난다. "갑자기 집이 심정지" 되지만, 밖의 거리는 "사람들이 들락거리고/자동차"가 지나가는 평온한 일상이다. 한 개인의 불행 앞에 세상은 냉정하리만큼 무관심하다. 현재의 시간이 누군가에게는 심장이 멎는 위급한 상황이지만, 누군가에게는 심장이 뛰는 쾌락의 순간일 수 있다. 타자의 아픔에 공감하지 않는 우리는 함께 공유한 공간을 빈터로 만든다. 이곳은 함께 있지만 비어 있는 공간이다. 우리는 함께라고 말하지만, 각자 파편화된 행위만 거듭한다. 현재를 살아가는 우리는 서로의 존재를 소진하는 자로 남는다.

우리는 모두 하나의 공간을 공동으로 소유한다. 그 공간에서 같은 시간대를 보내고 민감한 뉴스에 반응한다. 하지만, 거대한 물속에 잠긴 것처럼 고립돼 있다. 물속은 사회적 성찰이 깊어지는 새로운 공간이다.

4. 성찰

손영은 물질에 지배당하는 현실을 시로 성찰하고 있다. 우리 사회는 사적 소유권을 천부 권리로 인정한다. 삶의 주체들은 이런 체제에서 소유를 마음껏 추구한다. 비움보다는 채움을 통해 자신의 사회적 계층이 높다는 것을 증명하려 한다. 모두가 소유물이 많으면 많을수록 좋다는 생각을 갖는다. 이제 물질은 자신의 신분을 재는 척도이다. 이성의 힘으로 만들어 놓은 체제 안에서 벌이는 경쟁이 치열하다. 그러나 자본이 손짓하는 방향으로 달려가도 행복의 정점에는 도달하지 못한다. 또한 존재에 대한 회의감이 들고 사회는 불평등하다. 아무리 물질을 추구해도 우리는 행복하지 않다. 원하는 물질을 소유하는 순간은 잠시 행복하다. 그러나 행복은 그리 오래 가지 않는다. 물질에 대한 욕구는 새로운 물질로 끊임없이 이행할 뿐이다. 이러한 욕구는 나와 네가 경쟁하는 방식이기도 하다. 누구도 이길 수 없는 경쟁을 우리는 계속한다. 유일하게 이기는 방법은 경쟁하지 않는 것이다.

시인은 물질에 대한 반성적 자각으로 존재를 바라본다. 과잉 생산된 상품은 우리의 욕구를 끊임없이 자극한다. 지금 여기의 매체는 상품과 행복이 상관관계가 있는 것처럼 왜곡된 광고로 소비자를 끊임없이 세뇌한다.

과체중의 집이 헉헉거려요

옷장으로 들어가지 못하고 옷걸이에 난민처럼 매달려 있어요 옷들이 삐져나와 닫히지 않은 장롱이 소화제

를 찾아요 주방에는 접시 프라이팬 냄비를 쌓아 둔 찬
장과 수납장의 어깨가 한쪽으로 기울었어요

  냉동실 문을 억지로 깨워요 검은 비닐에 싸인 삼겹살
목살 뱃살 그 위에 바다와 들판이 누르고 있어요 냉장
고 문을 여는 순간 지금이 탈출할 기회라는 듯 한꺼번
에 와르르 쏟아져요

  목까지 채워도 냉장고와 옷걸이, 신발장은 왜 매일 허
기진 신음을 보내는 걸까요 비만한 옷장이 비명을 질러
도 거울의 비위를 맞추기 어려워요 많아진 나를 내밀어
도 계속 고개를 저어요 외출을 접고 구입할 날개와 구
름의 리스트를 다시 만들어요

—「쇼핑의 변명」 부분

  쇼핑하는 행위는 물질을 이데올로기화했다는 것이다. 이
미 자본주의 사회를 내면화한 화자는 "옷장으로 들어가지
못"한 옷들이 행거에 "난민처럼 매달려" 있어도 쇼핑을 멈추
지 않는다. 상품을 구입했을 때 치솟는 행복의 도파민을 경
험했기 때문이다. 그러나 이러한 기쁨은 일시적이다. 지속
되지 않는 행복은 쇼핑에 더욱 빠지게 만든다. 상품을 소유
해 행복해지고자 하는 욕구는 "찬장과 수납장의 어깨가 한

쪽으로" 기울어져도 멈추지 않는다. 화자는 상품 구입에 중독되고 동시에 도파민에 중독된다. 더 많은 양의 상품을 구입하면 도파민도 그만큼 많이 나올 거라 믿는다. 상품 제조사의 광고는 소비자의 욕구를 끊임없이 부채질한다. 이제 소비자는 상품을 사는 게 아니라 행복을 산다는 착각에 빠진다. 행복해지기 위해 소비자는 기꺼이 상품을 구입한다. 도파민 촉발을 원하는 화자는 "비닐에 싸인 삼겹살 목살 뱃살 그 위에 바다와 들판"을 냉장고에 넣어 둔다. 하지만, 행복은 어느 공간에도 존재하지 않는다.

  손영은 자신이 느끼는 통각의 지점에서 세상을 들여다본다. 현대사회의 특징을 분해하고 재조립하여 욕망의 움직임을 관찰한다. 우리의 감각은 자본주의 사회가 만들어 놓은 상품의 터널을 지나고 있다. 물질이 존재를 대체한다는 자각이 고개를 든다. 동시에 사회적 행위에서 발생하는 생리적 자극과 지각의 상호작용이 통증을 유발한다는 것을 깨닫는다. 통각의 발견이다. 그러므로 손영의 시는 들뢰즈가 언급한 공명의 영역 속에서 통각의 언어로 구축한 감각적 세계이다.

시인의 말

환약처럼 복용하며
기대었다

밤길에서
별의 모서리를 잡은 처방전
드디어
햇살이 온다

수요일이
환해진다